J'AIME DIRE LA VÉRITÉ

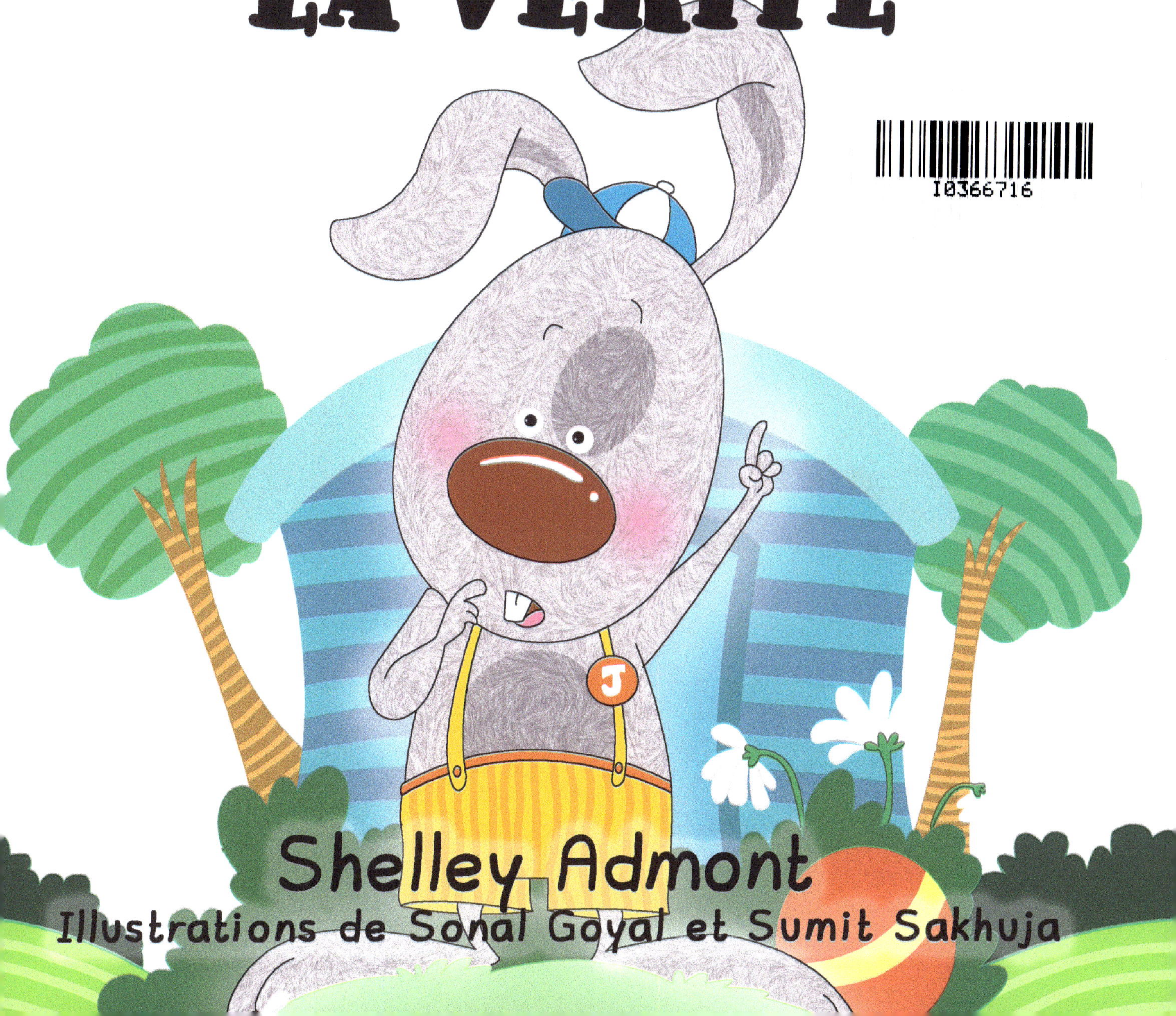

Shelley Admont
Illustrations de Sonal Goyal et Sumit Sakhuja

www.kidkiddos.com

Copyright©2015 by S. A. Publishing ©2017 by KidKiddos Books Ltd.

support@kidkiddos.com

All rights reserved. No part of this book may be reproduced in any form or by any electronic or mechanical means, including information storage and retrieval systems, without written permission from the publisher or author, except in the case of a reviewer, who may quote brief passages embodied in critical articles or in a review.

Tous droits réservés. Aucune reproduction de cet ouvrage, même partielle, quelque soit le procédé, impression, photocopie, microfilm ou autre, n'est autorisée sans la permission écrite de l'éditeur.

Second edition, 2019

Traduit de l'anglais par Sophie Troff

Library and Archives Canada Cataloguing in Publication Data

I Love to Tell the Truth (French Edition)/ Shelley Admont

ISBN: 978-1-5259-1283-2 paperback

ISBN: 978-1-5259-0660-2 hardcover

ISBN: 978-1-77268-141-3 eBook

Although the author and the publisher have made every effort to ensure the accuracy and completeness of information contained in this book, we assume no responsibility for errors, inaccuracies, omission, inconsistency, or consequences from such information.

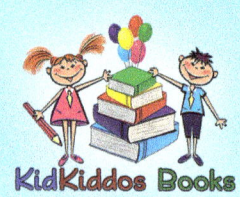

Pour ceux que j'aime le plus – S.A.

C'était une belle journée d'été. Le soleil brillait. Les oiseaux gazouillaient. Les papillons et les abeilles s'affairaient à butiner les fleurs de toutes les couleurs.

Jimmy le petit lapin jouait au ballon dans le jardin avec ses deux grands frères. Leur maman arrosait les marguerites, ses fleurs préférées.

– Faites attention de ne pas jouer près de mes fleurs, les garçons, dit maman.

– Bien sûr, maman, s'écria Jimmy.

– Je n'abîmerai pas tes marguerites, maman, ajouta son frère cadet.

– Ne t'inquiète pas, maman, dit l'aîné. Tes marguerites ne risquent rien avec nous.

Maman rentra dans la maison, tandis que les trois frères restèrent dehors, à jouer au ballon.

– Et si on jouait à un autre jeu, proposa le frère aîné en faisant tournoyer le ballon.

– Quel jeu ? demanda Jimmy.

Son grand frère réfléchit quelques secondes.
– Lançons le ballon en l'air et voyons qui le rattrape en premier.

– J'adore ça ! dit Jimmy avec enthousiasme.

– C'est parti ! cria le frère cadet. Vas-y, lance le ballon.

Leur frère aîné lança le ballon en l'air de toutes ses forces.

Les trois lapins regardèrent, bouche bée, le gros ballon orange s'envoler à toute allure dans le ciel. Bientôt, il commença à redescendre.

Bras écartés, les frères l'attendaient avec impatience.

Quand le ballon fut sur le point de toucher le sol, les deux plus grands coururent pour l'attraper.

À la vitesse de l'éclair, Jimmy se jeta en avant et attrapa le ballon avant eux.
– Hourra ! J'ai gagné !

Il sauta de joie et se mit à faire le tour du jardin en courant, tout excité.

Soudain, il trébucha sur une pierre et s'étala de tout son long… au beau milieu du massif de marguerites, les fleurs préférées de sa maman.

– Aïe ! hurla Jimmy, dont la tête avait tapé le sol humide.

Son frère aîné accourut pour l'aider à se remettre debout.
– Tu t'es fait mal, Jimmy ? demanda-t-il.

– Non… Je crois que ça va, dit Jimmy.

– C'est parce que le lit de marguerites a amorti ta chute, expliqua son frère aîné.

Les trois lapins regardèrent d'un air triste les fleurs préférées de leur maman, qui étaient toutes écrasées. Certaines avaient leur tige cassée.

– Maman ne va pas être contente de voir ça, murmura le frère aîné.

– C'est sûr, admit le frère cadet.

– S'il vous plaît, s'il vous plaît, ne dites pas à maman ce que j'ai fait. S'il vous plaîîîîît…. supplia Jimmy, en s'éloignant lentement du massif de marguerites en piteux état.

À ce moment-là, leur maman sortit en courant de la maison.
– Que s'est-il passé les enfants ? J'ai entendu un cri. Tout le monde va bien ?

– On va bien, maman, dit le frère aîné. Mais tes fleurs…

C'est alors que leur maman découvrit son massif de fleurs détruit. Elle soupira.
– Comment est-ce arrivé ? demanda-t-elle, les bras ballants.

– C'est des extraterrestres, se hâta de répondre Jimmy. Ils sont venus de… là-haut. Il pointa son doigt vers le ciel. C'est vrai, maman.

Maman fronça les sourcils et regarda Jimmy droit dans les yeux.
– Des extraterrestres ?

– Oui, et après ils sont repartis dans leur vaisseau spatial.

Maman soupira de nouveau.
– Heureusement qu'ils sont repartis, dit-elle, car c'est l'heure de manger. N'oubliez pas de laver vos mains. Et Jimmy…

– Oui maman, dit Jimmy.

– Lave-toi la figure aussi, ajouta-t-elle.

Pendant tout le dîner, Jimmy resta silencieux. Il était mal à l'aise. Il n'arrivait pas à manger ni à boire. Il ne voulut même pas prendre une part de gâteau aux carottes, son préféré.

Cette nuit-là, Jimmy n'arriva pas à dormir. Quelque chose le tourmentait. Il se leva et s'approcha du lit de son frère aîné.

– Hé, tu dors ? chuchota-t-il.

– Qu'est-ce qu'il y a, Jimmy ? marmonna son grand frère en entrouvrant ses paupières lourdes de sommeil. Retourne dans ton lit.

– Je ne peux pas dormir. Je n'arrête pas de penser aux fleurs de maman, dit Jimmy tout bas. J'aurais dû y faire attention.

– Oh, c'était un accident, dit son grand frère. Ne t'inquiète pas. Retourne te coucher !

– Mais je n'aurais pas dû mentir à maman, insista Jimmy, sans bouger d'un poil.

Le grand frère s'assit dans son lit.
– Tu as raison, dit-il. Tu aurais dû lui dire la vérité.

– Je sais, dit Jimmy en haussant les épaules. Qu'est-ce que je vais faire maintenant ?

– Pour le moment, va te coucher. Et demain matin, tu diras la vérité à maman. D'accord ?

– D'accord, dit Jimmy, puis il retourna dans son lit en traînant les pieds.

Le lendemain matin, il se réveilla tôt, sauta hors du lit et partit à la recherche de sa maman. Elle était dans le jardin.

– Maman, l'appela Jimmy. C'est moi qui ai abîmé tes fleurs, pas les extraterrestres.
Il courut vers elle et se jeta dans ses bras.

Maman le prit dans ses bras et dit :
– Je suis si contente que tu me dises la vérité. Je sais que ce n'est pas facile, et je suis fière de toi, Jimmy.

– Ne sois pas triste pour les fleurs. On va arranger ça, dit Jimmy.

Maman secoua la tête.
– Je ne m'inquiétais pas pour les fleurs. J'étais triste que tu ne me dises pas la vérité.

– Pardon, maman, dit Jimmy. J'étais triste aussi. Je ne mentirai plus jamais.

Après le petit déjeuner, Jimmy accompagna son père chez le pépiniériste. Ils achetèrent des graines de marguerite et toute la famille aida maman à les planter.

Jimmy en tira une précieuse leçon : dire la vérité avait rendu tout le monde heureux. C'est pourquoi, depuis ce jour, il dit toujours la vérité.

www.ingramcontent.com/pod-product-compliance
Lightning Source LLC
Chambersburg PA
CBHW061138070526
44584CB00033B/4356